# NOUVELLES
# Histoires
# drôles

## 78

Texte original
**Jeanne Olivier**

Adaptation thématique
**Paul Lacasse**

Illustration de la couverture
**Philippe Germain**

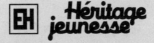

EH **Héritage jeunesse**

Nouvelles Histoires drôles n° 78
Illustration de la couverture : Philippe Germain
Conception graphique de la couverture :
© Les éditions Héritage inc. 2006
Tous droits réservés

Dépôts légaux : 1er trimestre 2006
Bibliothèque nationale du Québec
Bibliothèque nationale du Canada

ISBN : 2-7625-2491-1
Imprimé au Canada

Les éditions Héritage inc.
300, rue Arran
Saint-Lambert (Québec) J4R 1K5
Téléphone : (514) 875-0327
Télécopieur : (450) 672-5448
Courriel : information@editionsheritage.com

*À tous ceux et celles
qui aiment collectionner,
écouter et raconter
des blagues.*

# 200 BLAGUES DE GARS ET DE FILLES

## Première partie

Blague de gars.

– Dis donc, Raphaël, qu'est-ce que ta mère fait avec un gars comme toi, quand elle a mal à la tête ?

– Elle m'envoie jouer dehors !

●

Blague de fille.

Une petite araignée demande à sa mère :

– Maman, qu'est-ce qu'on mange pour dessert ce soir ?

– Une mouche au chocolat.

●

Blague de gars.

Alexandre a la grippe. Quand le docteur a fini de l'examiner, Alexandre demande au docteur :

– Docteur, je vous promets d'être un gars courageux, alors dites-moi la vérité. Quand dois-je retourner à l'école ?

●

Blague de fille.

Jeanne demande à sa copine Zoé :

– Tes petits chatons, est-ce que ce sont des mâles ou des femelles ?

– Des mâles, voyons ! Tu vois bien qu'ils ont des moustaches !

•

Blague de gars.

La mère : Émile, ton bulletin ne me plaît pas du tout.

Le gars : Oh, moi non plus. Au moins, ça prouve qu'on a les mêmes goûts...

•

Blague de gars.

Un gars demande à son ami paresseux s'il y a des choses qu'il peut faire vite.

– Oh oui ! Personne ne se fatigue aussi vite que moi !

•

Blague de fille.

Madame Tremblay : Ma petite Julie est vraiment très intelligente, son professeur me l'a dit.

Madame Carrière : Moi, ma petite Annie est incroyable. Elle n'est qu'en première année et elle peut déjà épeler le nom de sa ville à l'endroit et à l'envers.

Madame Tremblay : Et où habitez-vous ?

Madame Carrière : À Laval.

●

Blague de gars.

– Philippe, dit le professeur, tu vas me copier cent fois la phrase : « Je suis un garçon nul en français ».

Le lendemain, Philippe apporte son travail.

– Mais, dit le professeur, tu n'as copié la phrase que cinquante fois.

– Ben, monsieur, c'est par ce que je suis aussi très nul en mathématiques.

●

Blague de fille.

Deux filles parlent de leur rêve.

Estelle : J'ai rêvé toute la nuit que je faisais du jogging !

Fanny : Moi, j'ai rêvé que j'étais sur une île déserte avec Roch Voisine et Richard Séguin !

Estelle : Wow ! Chanceuse ! Pourquoi tu ne m'as pas appelée ?

Fanny : Je t'ai appelée, mais tu étais partie faire du jogging !

•

Blague de gars.

Comment appelle-t-on un gars qui a cent jeux Nintendo chez lui ?

Un menteur !

•

Blague de fille.

La fille : Dans ma famille, on a tous le même nez.

L'amie de la fille : Ah oui ? Chez moi, on a chacun le nôtre.

•

Blague de gars.

Un gars voulait à tout prix avoir une bicyclette. Son père lui dit un jour :

– Tu auras une bicyclette quand tu sauras écrire ce mot.

– Alors, je préfère avoir un vélo !

•

Blague de fille.

Une demoiselle demande à sa copine :

– Quel nom aurais-tu aimé porter ?

– Queue de souris.

– Tu parles d'un nom !

– Ben quoi ? Tu t'appelles bien Barbara (barbe à rat) !

•

Blague de fille.

Le gars : Qu'est-ce qu'il faudrait que je te donne pour que tu me laisses t'embrasser ?

La fille : Une anesthésie générale.

•

Blague de gars.

Un père se plaint à un de ses amis que son gars est insupportable.

– J'ai un bon truc pour toi, répond l'ami, achète-lui un vélo.

– Quoi ? Tu crois qu'un vélo va l'empêcher de faire des mauvais coups ?

– Non, sûrement pas, mais au moins il va aller les faire ailleurs !

•

Blague de fille.

Une fille fait sa prière :

– Mon Dieu, fais que mon père, ma mère et ma soeur soient toujours en bonne santé et que les vitamines soient dans les gâteaux, pas dans le brocoli...

•

Blague de gars.

– Simon, tu dis que tu t'es battu pour défendre un petit garçon, mais qui était-ce ?

– Moi.

•

Blague de fille.

Madame Savoie offre à sa voisine une superbe tarte à la mélasse qu'elle vient de faire elle-même. La voisine rentre chez elle et en sert un beau morceau à toute sa famille. Malheureusement, la tarte n'est pas mangeable ! Il ne reste plus qu'à la jeter à la poubelle.

Le lendemain, madame Savoie rencontre sa voisine sur le trottoir.

— Puis, comment avez-vous aimé ma tarte ?

— Euh... Vous savez, votre tarte n'est pas restée longtemps dans nos assiettes !

●

Blague de gars.

— J'espère que tu n'as pas fait trop de bêtises à l'école aujourd'hui ?

— Comment veux-tu faire des bêtises quand tu es toujours dans le coin ?

●

Blague de fille.

Madame Simard essaie un chapeau dans un grand magasin du centre-ville. Le vendeur lui dit :

– Chère madame, ce chapeau vous rajeunit de dix ans !

– Ah oui ? Eh bien, je ne le prendrai pas !

– Mais pourquoi donc, madame ?

– Je n'ai vraiment pas envie de vieillir de dix ans chaque fois que j'enlève mon chapeau.

•

Blague de gars.

Jeannot est installé à la place la plus chère du match de hockey. Le placier passe pour vérifier les billets.

– Mon garçon, de qui as-tu reçu ce billet ? demande-t-il.

– De mon père.

– Et où est ton papa ? Il n'est pas là ?

– Non, il est à la maison ! Il cherche son billet !

•

Blague de fille.

– Dis-moi, ma chérie, qu'est-ce que tu préfères, un bel homme ou un homme intelligent ?

– Ni l'un ni l'autre, mon amour, je n'aime que toi !

•

Blague de gars.

Deux garçons discutent. Le premier demande à l'autre :

– Si tu avais six châteaux, tu m'en donnerais un ?

– Bien sûr !

– Et si tu avais six voitures, tu m'en donnerais une ?

– Évidemment !

– Ça c'est un ami ! Et si tu avais six chemises, tu m'en donnerais une ?

– Ah non !

– Comment non ? Et pourquoi ?

– Parce que j'ai six chemises !

•

Blague de fille.

Durant la préhistoire, une jeune femme est en train de briser une pierre à coups de massue.

– Mais qu'est-ce que tu fais ? lui demande son amie.

– C'est mon amoureux qui m'a demandé de détruire ses lettres après les avoir lues.

•

Blague de gars.

– Je viens de trouver un fer à cheval !

– Chanceux ! Il paraît que ça porte bonheur !

– Même si je l'ai trouvé parce qu'il m'est tombé sur la tête ?

•

Blague de fille.

Quelle est la différence entre un avion et des amoureux ?

L'avion décolle et les amoureux se collent.

•

Blague de gars.

Le docteur prescrit au gros André cinq cents pilules pour maigrir.

– Combien dois-je en prendre par jour, docteur?

– Aucune, tu les laisses tomber par terre tous les jours et tu les ramasses, ça t'aidera.

●

Blague de fille.

Une jeune fille est assise au bord de la rue, tendant une ligne à pêche au-dessus d'une flaque d'eau. Un passant la regarde. Amusé, il lui demande :

– Est-ce que ça mord?

– Oh oui! Vous êtes le cinquième que j'attrape!

●

Blague de gars.

– Mon Dieu qu'il fait noir ce soir!

– Ah, tu trouves? Moi je ne vois rien!

●

Blague de fille.

Sophie : Je suis malade ! Ma mère m'a conseillée de prendre de l'ail. Il paraît que c'est excellent pour éloigner le rhume.

Céline : Ouais, pour éloigner les amies aussi...

•

Blague de gars.

Alexis arrive à l'école un matin avec un pied dans le plâtre.

– Pauvre toi ! lui dit son ami Denis.

– Ce n'est rien, ça ! Mon frère, lui, il ne sera pas capable de s'asseoir pour au moins deux semaines !

•

Blague de fille.

Lucie : Francine, aimes-tu l'école ?

Francine : Oui, mais je trouve qu'on perd beaucoup de temps entre les récréations.

•

Blague de gars.

La prof : Carlos ! Tu aurais dû être ici ce matin à 8 h 30 !

Carlos : Pourquoi ? Est-ce que j'ai manqué quelque chose d'intéressant ?

•

Blague de fille.

Un homme avec un œil au beurre noir entre chez le fleuriste et demande une douzaine de roses pour l'anniversaire de sa femme.

Le fleuriste lui demande quand aura lieu cet anniversaire.

L'homme montre son œil et répond : C'était hier.

•

Blague de gars.

– Pourquoi les gens gourmands aiment-ils les orages ?

– Je ne sais pas.

– Parce qu'ils raffolent des éclairs !

•

Blague de fille.

Un jour, l'animateur d'une émission sportive à la radio parle sur les ondes à une certaine madame Pouliot. Elle se met à réciter une recette de gâteau au fromage.

— Mais madame, vous êtes en ondes! dit l'animateur.

— Je le sais. Je parle à ma sœur, elle n'a pas le téléphone, répond madame Pouliot.

•

Blague de gars.

Henri, un petit gars très très vif, vient de recevoir sa première paire de lunettes chez l'optométriste.

— Docteur, vous me promettez qu'avec ces lunettes-là je vais être capable de lire au tableau, de lire le journal, de lire le nom des rues?

— Absolument!

— Wow! C'est fantastique! Je suis juste en maternelle!

•

Blague de fille.

Caroline a un terrible mal de dents mais elle a aussi terriblement peur du dentiste. Elle se rend à la clinique du dentiste presque à reculons! La secrétaire voit arriver Caroline qui se tient la mâchoire.

– Mais! Le dentiste n'est pas à son bureau aujourd'hui.

– Ah! Quel bonheur! répond Caroline, soulagée.

•

Blague de gars.

Sam : Il fait froid aujourd'hui, hein?

Dany : Je comprends!

Sam : C'est pour ça que tu as mis tes combinaisons?

Dany : Hein! Comment as-tu deviné que j'avais mis mes combinaisons ce matin?

Sam : Très facile. Tu n'as pas mis ton pantalon!

•

Blague de fille.

Un Inuit attend son amoureuse sur la banquise. Le temps passe et elle n'arrive toujours pas. À bout de patience, il regarde son thermomètre et dit :

– Si elle n'est pas là à moins vingt, je m'en vais !

•

Blague de gars.

– À qui écris-tu cette lettre ?

– À moi-même.

– Que dit-elle ?

– Je ne sais pas, je ne la recevrai que dans deux jours.

•

Blague de fille.

– Tu sais quoi ? J'ai perdu cinquante livres dans une journée !

– Hein ? Incroyable ! C'est quoi ton secret ?

– Ma bibliothèque a brûlé...

•

Blague de gars.

– Mathieu, lui dit sa maman, pourquoi as-tu traité ton ami Michel d'imbécile? Dis-lui tout de suite que tu regrettes!

– D'accord. Michel, je regrette que tu sois imbécile!

●

Blague de fille.

Quelle est la différence entre un hippopotame et un bébé?

L'hippopotame fait son lit dans la rivière et le bébé fait une rivière dans son lit!

●

Blague de gars.

Chez le médecin:

– Pauvre monsieur, vous auriez dû venir me voir plus tôt!

– Mais je ne pouvais pas, docteur, j'étais malade!

●

Blague de fille.

Un coq attend impatiemment des nouvelles de sa femme qui va avoir son bébé à l'hôpital de la basse-cour. La poule-infirmière entre enfin dans la salle d'attente et lui dit :

– Félicitations ! C'est un œuf !

•

Blague de gars.

Le prof a demandé à ses élèves de faire une composition sur le sujet : Ma journée à La Ronde.

Karim, qui déteste les compositions, remet ce travail : Samedi dernier, nous devions aller à La Ronde. Mais il a commencé à pleuvoir, alors nous sommes restés à la maison.

•

Blague de fille.

– Personne ne m'aime.

– Pourquoi tu dis ça ?

– Même ma sœur jumelle ne se souvient pas de ma date de naissance.

•

Blague de gars.

Chez le psychiatre :

– Docteur! Docteur! Tout le monde me dit que je me prends pour un singe!

– Bon, bon! Premièrement, descendez de ma bibliothèque et donnez-moi cette banane; nous allons en parler.

●

Blague de fille.

Monsieur Picard arrive en retard à son travail pour la deuxième fois cette semaine.

– J'attends vos explications! lui dit le patron, en colère.

– Je suis désolé. C'est à cause de ma femme, elle a eu un accouchement difficile.

– Vous voulez rire de moi! hurle le patron. Vous m'avez servi la même excuse il y a trois jours.

– Oui! Mais vous ne saviez pas que ma femme travaille à la pouponnière.

●

Blague de gars.

La prof : Comment naissent les poissons ?

Odile : Dans des œufs.

La prof : Et les grenouilles ?

Virginie : Ce sont d'abord des têtards.

La prof : Et d'où viennent les serpents ?

Aurèle : Des œufs.

La prof : Et les oiseaux ?

Ariane : Ils naissent dans des œufs aussi.

La prof : Et les lapins, eux, d'où viennent-ils ?

Le gars de la classe : Des chapeaux de magicien !

•

Blague de fille.

Au supermarché, une dame qui tient une boîte de nourriture pour chiens se précipite vers une caisse, bouscule Sophie, qui attend son tour, et dit :

– Ça ne vous dérange pas que je passe avant vous ?

– Non, ça va, dit Sophie en regardant la boîte de nourriture pour chiens. Vous avez l'air d'avoir vraiment très faim !

•

Blague de gars.

Le prof donne un cours de mathématiques :

– 75 cents plus 75 cents, ça fait combien ?

Un gars lève sa main.

– Oui, toi ?

– Ça fait deux paquets de gomme !

•

Blague de fille.

Une fille à une autre : Mon nouvel amoureux est merveilleux ! Il a les yeux de Roch Voisine, les cheveux de Richard Séguin, la bouche de Roy Dupuis et, quelquefois, la voiture de son père !

•

Blague de gars.

Le prof : Je tiens à ce que tout le monde s'unisse et fasse des efforts pour qu'on garde cette classe propre. Si vous voyez quelque chose qui vous dérange, n'hésitez pas à réagir ! Vous avez bien compris ?

Jonathan : Oh oui ! Alors donnez-moi votre pantalon, je l'apporte tout de suite chez le nettoyeur !

•

Blague de fille.

C'est la fille qui trouve une vieille lampe dans le grenier de son grand-père. Elle la frotte pour la nettoyer un peu quand soudain un génie en sort.

– Super ! s'écrie-t-elle. Est-ce que tu vas m'accorder un vœu ?

– Tu veux rire ! Si j'avais ce pouvoir-là, crois-tu que je serais resté prisonnier de cette lampe pendant tout ce temps ?

•

Blague de gars.

François demande à son grand frère :

– Qu'est-ce que tu as trouvé le plus dur quand tu as commencé à jouer au hockey ?

– La glace !

•

Blague de fille.

Catherine : Mon professeur est un vrai magicien.

Iris : Ah oui ?

Catherine : Oui, depuis le début de l'année, il a fait disparaître soixante-huit paquets de gomme.

•

Blague de gars.

Maxime : Maman, j'ai trouvé ce que j'allais te donner pour Noël.

La mère : Ah ! Quoi donc ?

Maxime : Un beau chandelier en cristal pour mettre sur le buffet.

La mère : Mais voyons, j'en ai déjà un !

Maxime : Euh... tu en avais un !

•

Blague de fille.

Le facteur sonne chez madame Côté. Mais celle-ci n'a pas envie de se lever.

— Ouvrez, je sais que vous êtes là, votre voiture est dans l'entrée.

— Je suis sortie à pied ! répond madame Côté.

●

Blague de gars.

Un homme entre chez le psychiatre :

— Bonjour docteur.

— Bonjour monsieur Roberge. Alors, votre femme me dit que vous vous prenez pour Arnold Schwarzenegger.

— Pas du tout ! C'est ma femme qui me prend pour monsieur Roberge !

●

Blague de fille.

Que dit le point d'exclamation au point d'interrogation ?

— Tiens, tu frises ?

●

Blague de gars.

Martin raconte toujours des histoires, pas vraiment drôles, à ses amis. Un jour, il demande à Georges :

– Est-ce que je t'ai raconté ma dernière blague ?

– Est-ce qu'elle est drôle ?

– Oh oui, très drôle !

– Alors non, tu ne me l'as pas racontée !

•

Blague de fille.

La fille : Pourquoi tu ne m'as pas écrit quand tu as déménagé ?

L'amie de la fille : J'avais perdu ton adresse.

La fille : Tu n'avais qu'à m'écrire pour me la demander.

•

Blague de gars.

– Sais-tu où je serais en ce moment si j'avais un million de dollars en poche ?

– Probablement en prison...

•

Blague de fille.

— Ma mère vient de trouver un emploi à vie.

— Elle va travailler pour le gouvernement?

— Non, le zoo l'engage pour tricoter des foulards aux girafes!

•

Blague de gars.

Un monsieur est assis sur un banc dans un parc. Depuis au moins quinze minutes, un jeune garçon est planté devant lui et le regarde. Le monsieur commence à s'énerver un peu.

— Mais qu'est-ce que tu fais là? demande-t-il au garçon.

— J'attends.

— Tu attends quoi?

— J'attends que vous vous leviez.

— Que je me lève! Pourquoi?

— Parce que tantôt, les employés de la ville sont venus repeindre le banc. Et je veux voir l'effet...

•

Blague de fille.

Dans le bureau du médecin :

– Docteur, docteur! J'étais en train de repasser quand le téléphone a sonné et, sans y penser, j'ai appuyé le fer contre mon oreille!

– Mais, madame, vous avez les deux oreilles brûlées!

– Oui... après, j'ai voulu appeler le 911.

•

Blague de gars.

À l'hôpital :

– Monsieur, dit le docteur, j'ai une nouvelle extrêmement mauvaise à vous apprendre.

– Quoi, docteur?

– Il ne vous reste que deux semaines à vivre.

– Ah oui? Eh bien, je vais prendre les deux dernières de juillet!

•

Blague de fille.

Sophie rencontre Antoine dans le corridor de l'école :

– Antoine, tu viens chez moi ce soir ? Je fais une fête !

– Ah oui ! Et il y aura beaucoup de monde ?

– Bien... si tu n'oublies pas de venir, on sera deux !

•

Blague de gars.

– Savais-tu, Catherine, qu'on peut entendre la mer en écoutant dans un biscuit Whippet ?

– Hein ! Qu'est-ce que tu racontes là ?

– Oui, oui, je te le dis ! dit Guillaume. Tiens, tu peux essayer toi-même, tu verras !

Catherine prend un biscuit, le porte à son oreille et écoute attentivement.

– Je n'entends rien !

– Attends, tu vas voir, ce ne sera pas long. Au même moment, la mère de Guillaume arrive et s'écrie :

— Mais franchement, voulez-vous bien me dire ce que vous êtes en train de manigancer tous les deux?

— Tu vois, reprend Guillaume, je te l'avais bien dit qu'on entendrait la mère!

●

Blague de fille.

L'infirmière : Arrêtez de crier, je ne vous ai même pas encore piquée!

La patiente : Je sais, mais vous m'écrasez le petit orteil!

●

Blague de gars.

— Qu'est-ce que tu as eu en cadeau à Noël?

— Deux bâtons de baseball, cinq balles de baseball, un boomerang, une fronde et trois ballons de football.

— C'est un peu beaucoup, non?

— Pas du tout, mon père vend des vitres!

●

Blague de fille.

– Mon mari et moi avons acheté hier un superbe service à vaisselle de 300 pièces.

– Trois cents pièces ! Mais à quoi ça peut bien vous servir ?

– Ben... en fait, on a acheté un service de 48 pièces, mais en sortant de l'auto, mon mari a trébuché...

•

Blague de gars.

Un frère et une sœur discutent :

– Il y a des sœurs qui sont bavardes, mais toi tu es une exception.

– Tu trouves ? C'est gentil !

– Oui, tu es exceptionnellement bavarde.

•

Blague de fille.

C'est l'histoire d'une petite mouche à feu qui était toujours la dernière de sa classe. Elle n'était pas aussi brillante que les autres...

•

Blague de gars.

Le père : Alex, il faut que je te parle. Je reviens d'une visite chez ton professeur. Il m'a dit qu'il était absolument incapable de te faire apprendre quoi que ce soit.

Alex : Ah ! Tu vois, papa ! Je t'ai toujours dit que mon professeur était un ignorant !

•

Blague de fille.

Le prof : Julie, peux-tu me dire quelle est la femelle du hamster ?

Julie : Euh... La Amsterdam ?

•

Blague de gars.

Le père : Qui a brisé la vitre ?

Mathieu : C'est Valérie, papa. Elle s'est baissée quand je lui ai lancé une boule de neige...

•

Blague de fille.

Je suis un nez plein de vaisselle.

Un nez-vier.

●

Blague de gars.

– Papa, papa! Je viens de voir une souris énorme! Elle était aussi grosse qu'un éléphant!

– Simon, dit le père, je t'ai déjà dit trois millions de fois de ne pas exagérer!

●

Blague de fille.

La maman de Karine la voit en train de griffonner sur un morceau de papier.

– Que fait-tu, Karine?

– J'écris à mon cousin Pascal.

– Mais tu ne sais pas écrire!

– Oh, ça n'a pas d'importance puisque Pascal ne sait pas lire!

●

Blague de gars.

Un homme entre dans le bureau du médecin. Ses mains n'arrêtent pas de trembler.

– Dites donc, monsieur, vous buvez beaucoup d'alcool? demande le médecin.

– Non, pas tellement, mais j'en renverse beaucoup.

•

Blague de fille.

Maryse n'est vraiment pas peureuse! L'autre jour, en entrant dans la classe, elle dit à voix haute:

– La moitié des élèves de la classe sont des imbéciles.

– Tu ferais mieux de retirer ce que tu viens de dire tout de suite! lui dit Pierre-Luc, le plus gros, le plus grand et pas le plus brillant de la classe.

– O.K. Alors la moitié des élèves de la classe ne sont pas des imbéciles.

•

Blague de gars.

Un barbier avait pris un verre de trop. Alors qu'il est en train de raser un client, le rasoir glisse et fait une sérieuse entaille sur le visage du client. Apercevant le sang, le client effrayé et choqué dit au barbier :

– Vous voyez maintenant ce que peut faire la boisson ?

– Oui, je vois, dit le barbier. Ça attendrit la peau !

•

Blague de fille.

Le prétendant de Sylvie va voir son père pour lui demander la main de sa belle.

– Monsieur, je veux épouser votre fille.

– As-tu vu ma femme ?

– Oui, mais je préfère votre fille.

•

Blague de gars.

Deux gars commencent à se dire des bêtises.

– Écoute, là! Je ne suis pas venu ici pour me faire insulter.

– Ah bon! Et où vas-tu pour te faire insulter d'habitude?

•

Blague de fille.

– Geneviève, combien y a-t-il de lettres dans l'alphabet?

– Huit, madame.

– Voyons, qu'est-ce que tu dis là?

– Mais oui : A-L-P-H-A-B-E-T.

•

Blague de gars.

Alex : À quelle heure te réveilles-tu le matin, toi?

François : Oh! À peu près une heure après que la cloche a sonné!

•

Blague de fille.

Sylviane : Mon mets préféré, c'est la langue de bœuf.

Lucie : Ouache ! As-tu seulement pensé d'où ça vient ? Non, moi j'aime mieux une bonne omelette.

●

Blague de gars.

Un pilote d'avion pas trop brillant appelle la tour de contrôle :

— Je suis complètement perdu. Pouvez-vous m'aider ?

— Donnez-nous votre hauteur et votre position.

— Un mètre quatre-vingts et je suis assis en avant.

●

Blague de fille.

— Ma sœur a passé toute la nuit à étudier.

— Pourquoi ?

— Elle avait un test de sang ce matin.

●

Blague de gars.

Monsieur Boisvert, qui a décidé de maigrir, se rend chez le médecin.

– Docteur, je pèse plus de 125 kilos. Je n'ai jamais été si gros.

– Dites-moi, quel a été votre poids le plus bas?

– Euh... 3,5 kilos à ma naissance.

•

Blague de fille.

Manon: Ma mère vient de m'acheter de beaux souliers. Mais ils me font mal! Pour trois jours, ça va être un vrai supplice!

France: Eh bien! Commence à les mettre seulement le quatrième jour!

•

Blague de gars.

Roger: Tu sais quoi? Depuis une semaine, j'ai une idée qui me trotte dans la tête.

Jean: Oh! la pauvre! Elle doit se sentir bien seule!

•

Blague de fille.

Nadine : Ma sœur joue de la trompette depuis trois mois.

Lise : Pauvre elle ! Elle doit avoir mal aux lèvres !

•

Blague de gars.

Martin n'arrête pas de parler en même temps que son professeur. Celui-ci lui dit :

– Si tu n'écoutes pas, Martin, je vais te mettre en retenue.

Mais Martin continue de plus belle.

– Martin ! Je t'avais averti ! Tu iras en retenue après l'école.

– Pas de problème ! Gardez-moi aussi longtemps que vous voudrez. Ma mère veut que je fasse le ménage de ma chambre en rentrant.

•

Blague de fille.

– Docteur, venez vite ! Mon mari vient de boire par erreur un litre d'essence et il n'arrête pas de tourner en rond dans la cour!

— Ce n'est pas grave, répond le docteur. Fermez bien la porte de la clôture, votre mari s'arrêtera quand il aura brûlé tout le carburant.

•

Blague de gars.

Deux frères ne sont pas jumeaux même s'ils sont nés tous les deux le 7 mai.

Comment expliquer ça?

Un des deux est né en 1984 et l'autre en 1986.

•

Blague de fille.

— Mon horoscope m'avait annoncé que j'aurais un grand choc en rencontrant quelqu'un portant un uniforme, raconte une jeune dame à sa voisine.

— Et c'est arrivé?

— Tu parles! J'ai écrasé le facteur.

•

Blague de gars.

Monsieur Dupuis roule tellement lentement qu'il bloque la circulation. Un policier l'arrête :

– Monsieur, savez-vous que vous roulez à peine à 30 km/h?

– Je sais bien, mais je m'en vais chez le dentiste...

•

Blague de fille.

Ginette : Sais-tu ce que c'est une perruque?

Françoise : Non.

Ginette : Ce sont des cheveux qui n'ont pas de tête.

•

Blague de gars.

Quelle est la différence entre une tasse de chocolat et un biscuit?

On ne peut pas tremper une tasse de chocolat dans un biscuit.

•

Blague de fille.

Madame Tremblay : Mon mari est épuisé ces temps-ci. L'autre soir, il s'est endormi dans son bain pendant que l'eau coulait.

Madame Simard : Mon Dieu ! J'espère que l'eau n'a pas débordé !

Madame Tremblay : Non, non, mon mari dort toujours la bouche ouverte.

•

Blague de gars.

Madame D'Amour va souper avec son fils Francis chez ses amis les Dubois. Au dessert, on met dans l'assiette de Francis un petit morceau de gâteau.

Sa mère, qui est fière de montrer que son fils est bien élevé, lui dit : Francis, qu'est-ce qu'on dit à madame Dubois ?

Francis regarde son morceau de gâteau, l'air découragé et dit : Il n'y en a pas beaucoup...

•

Blague de gars.

Un pauvre homme entre chez le médecin :

– Docteur, j'ai la fièvre jaune. Cela me donne des douleurs bleues, et quand ça me prend, je vois rouge. Tout cela me donne des idées noires et me fait passer des nuits blanches. Que vais-je devenir si cela continue ?

– Vous ne pourrez faire autrement que de devenir marchand en peinture ! de répondre le médecin.

•

Blague de fille.

Papa : Qui a touché à ma boîte de chocolats ?

Lili : Oh ! Ce n'est pas moi, papa.

Papa : Tu es bien sûre ?

Lili : Oh ! oui, papa, je n'ai pas été capable de l'ouvrir.

•

Blague de gars.

L'institutrice demande à Jeannot, un des gars de la classe, d'épeler le mot Québec.

— Mademoiselle, de dire le gars, voulez-vous que j'épelle le mot Québec comme dans la ville de Québec ou comme la province de Québec?

•

Blague de fille.

Madame Fournier : Tu te souviens, mon chéri, du beau porte-clés que tu avais perdu l'année dernière?

Monsieur Fournier : Oui, oui!

Madame : Eh bien, imagine-toi donc que ce matin, je retrouve ton vieux veston bleu. Et qu'est-ce que je trouve dans la poche?

Monsieur : Mon porte-clés!

Madame : Non, mais le trou par lequel il a dû tomber.

•

Blague de gars.

Le prof : Joseph, quelle est l'utilité de la banane ?

Joseph : On la mange.

Le prof : Très bien, on mange la chair. Mais à quoi sert la pelure ?

Joseph : À faire tomber les gens ?

●

Blague de fille.

Au restaurant, une dame s'adresse au monsieur assis à la table à côté de la sienne.

– Monsieur, je crois que votre fille est en train de renverser du ketchup sur mon manteau.

– Je m'excuse, madame, mais ce n'est pas ma fille. C'est ma nièce. Ma fille, elle, je crois qu'elle est justement en train de vider votre sac à main.

●

Blague de gars.

Pascal pleure parce qu'il ne veut pas faire ses devoirs.

– Voyons Pascal, lui dit sa mère, prends ton courage à deux mains !

– Je veux bien, mais avec quelle main je vais faire mes devoirs ?

•

Blague de fille.

– Chère madame, dit le médecin à sa patiente, pour perdre du poids, je ne vois qu'un seul moyen, l'exercice.

– Ah oui, docteur. Vous voulez que je fasse de la danse aérobique ?

– Non, non ! Vous n'avez qu'à bouger la tête de gauche à droite à plusieurs reprises à chaque fois que quelqu'un vous offre de la nourriture !

•

Blague de gars.

Un petit chien revient de l'école.

– Qu'est-ce que tu as appris aujourd'hui ? lui demande sa maman.

– On a eu un cours de langue étrangère.

– As-tu appris à dire quelque chose ?

– Oui : miaou.

•

Blague de fille.

Mélanie : Comme ça, Katherine, tu étais en Californie pendant le dernier tremblement de terre ?

Katherine : Eh oui !

Mélanie : Tu devais trembler de peur !

Katherine : Oui, mais la Terre tremblait pas mal plus que moi !

●

Blague de gars.

Comment s'appelle le meilleur concierge russe ?

Itor Lamopp.

●

Blague de fille.

On le tranche, on le coupe, on n'a aucune pitié pour lui. Pourtant il nous fait pleurer. Qu'est-ce que c'est ?

L'oignon.

●

Blague de gars.

– Deux oiseaux sont sur un fil. Un des deux décide de partir. Combien en reste-t-il?

– Facile! Un.

– Non, deux, parce que l'oiseau a juste décidé de partir.

•

Blague de fille.

Le prof: Caroline, comment ferais-tu pour partager 10 pommes entre 15 personnes?

Caroline: Je ferais de la compote.

•

Blague de gars.

– J'arrive de chez le dentiste. J'avais une dent à faire plomber.

– Tu dois te sentir bien maintenant!

– Je comprends! Le dentiste n'était pas à son bureau!

•

Blague de gars.

– Maman, veux-tu me donner 75 cents pour un vieux monsieur?

– Mais bien sûr! Je suis fière de toi, Maxime, c'est bien que tu aides les autres. Où il est ce monsieur?

– Il est là, juste devant l'épicerie, il vend de la crème glacée.

●

Blague de fille.

Julie : Quelle jolie statue! C'est à ta mère?

Zarah : Oui, elle l'a rapportée de son voyage en Grèce. Tu sais, c'est une statue très précieuse, elle a au moins 2500 ans.

Julie : Dis donc, veux-tu rire de moi? On est seulement au début des années 2000!

●

Blague de gars.

Le gars : Maman, si je plante ce pépin, est-ce qu'il deviendra un pommier?

Maman : Mais oui !

Le gars : Eh bien c'est bizarre, parce que c'est un pépin de poire !

•

Blague de fille.

Véronica s'en va voir sa grand-mère en Gaspésie, et en avion s'il vous plaît ! Elle téléphone à la compagnie d'aviation.

Véronica : Je voudrais réserver un billet pour Gaspé.

La téléphoniste : Quelle classe ?

Véronica : Quelle classe ? 6e année C.

•

Blague de gars.

Vincent : Geneviève, qu'est-ce que tu m'as dit que tu avais donné à ton chat quand il a été malade ?

Geneviève : Du savon à vaisselle.

Vincent : Bon ! C'est ça que j'ai donné au mien mais il est mort.

Geneviève : C'est bizarre, hein ? Le mien aussi est mort !

•

Blague de fille.

Maude : Luce, tu veux me donner ton numéro de téléphone ?

Luce : Je n'ai pas le temps maintenant. Appelle-moi ce soir, je te le donnerai.

●

Blague de gars.

Hé ! Ce soir il y a un film super à la télé !

– Bof ! Je n'aime pas regarder les films à la télévision, il y a trop d'annonces.

– Voyons donc ! La publicité, c'est la partie la plus importante !

– Comment ça ?

– C'est pendant le temps des annonces que je peux faire mes devoirs !

●

Blague de fille.

– Bonjour Gabrielle, ça va ?

– Pas mal.

– Et ta mère, elle va bien ?

– Oui, mais elle dit qu'elle en a assez de vivre dans un zoo.

– Pourquoi, elle se sent en cage?

– Non, pas du tout. Elle dit qu'elle en a assez de vivre avec un mari têtu comme un âne, une fille bavarde comme une pie et un fils orgueilleux comme un paon!

•

Blague de gars.

– Est-ce vrai que tu ne travailles plus pour monsieur Lafortune?

– En effet, après ce qu'il m'a dit, j'ai quitté mon emploi.

– Et que t'avait-il dit?

– Tu es congédié!

•

Blague de fille.

– Maman! Maman! La bibliothèque du salon vient de tomber!

– Mon Dieu! Va vite avertir ton père!

– Mais il le sait déjà, il est en dessous.

•

Blague de gars.

Qu'est-ce qu'on ne peut ramasser quand elle tombe?

La pluie.

•

Blague de fille.

La prof: Nathalie, disons que tu as six bonbons et que ton frère t'en demande deux, combien t'en reste-t-il?

Nathalie: Six, madame.

La prof: Comment ça, six?

Nathalie: Écoutez, madame, si mon frère me demande des bonbons, croyez-vous que je vais lui en donner?

•

Blague de fille.

Chez l'optométriste:

– Bonjour, je voudrais une paire de lunettes.

– Oui, madame. C'est pour votre vue ou pour le soleil?

– C'est pour moi, voyons!

•

Blague de gars.

Le prof : Tu es en train de lire ton livre à l'envers !

Le gars : Pas mal, hein ? À l'endroit, il n'y a plus de défi, tout le monde sait faire ça !

•

Blague de fille.

L'histoire se passe aux Jeux olympiques de Lillehammer. Nathalie prend part à la compétition malgré une forte grippe. Soudain elle n'en peut plus et tombe inconsciente sur la glace. On la transporte d'urgence à l'hôpital.

À son réveil, l'infirmière se penche sur elle et lui dit : Comment te sens-tu ? Tu fais presque 106 de fièvre.

Nathalie n'est pas trop réveillée, et elle demande : Est-ce que c'est un nouveau record ?

•

Blague de gars.

Le gars : Moi, ma mère me fait porter les vêtements des plus vieux. Et je déteste ça!

L'ami du gars : Pourquoi? Chez nous aussi c'est comme ça. Je pense que tous les parents font ça.

Le gars : Peut-être. Mais moi, j'ai deux sœurs...

•

Blague de fille.

La prof: Quand je dis j'étais belle, c'est l'imparfait. Si je dis je suis belle, qu'est-ce que c'est Yannick?

Yannick : C'est un mensonge!

•

Blague de gars.

– Dans quel mois tes parents te demandent-ils le moins souvent de faire ton lit?

– En février, c'est le mois le plus court!

•

Blague de fille.

L'esthéticienne : Vous verrez, madame, après le traitement que je vais vous faire, vous vous sentirez comme une nouvelle femme.

La cliente : Très bien, vous enverrez la facture à la femme que j'étais avant !

●

Blague de gars.

– Peux-tu me prêter ton habit noir ? demande Richard à son ami Pierre.

– Bien sûr ! dit Pierre. C'est pour quelle occasion ?

– Mon père est mort, répond Richard.

– Trois mois plus tard, Pierre appelle Richard.

– J'ai besoin de l'habit que je t'ai prêté. Peux-tu me l'apporter maintenant ?

– Impossible, dit Richard, c'est mon père qui le porte.

●

Blague de fille.

Madame Ouellet s'en va voir le médecin.

– Docteur, je crois que j'ai attrapé une mauvaise grippe. J'ai fait beaucoup de fièvre.

– Avez-vous eu des frissons?

– Oui, hier soir en me couchant.

– Et quand vous avez eu vos frissons, avez-vous claqué des dents?

– Oh, je ne sais pas! J'avais laissé mon dentier sur le comptoir.

•

Blague de gars.

À la bibliothèque de l'école, un gars emprunte un livre qui a pour titre: «Apprendre à jongler en 5 leçons». Le lendemain, il se présente au comptoir et demande un autre livre à la bibliothécaire.

– Quel livre cherches-tu aujourd'hui?

– «Comment recoller les bibelots fragiles!»

•

Blague de fille.

– Grand-maman, as-tu des bonnes dents ?

– Malheureusement non, ma petite Lucie.

– Très bien, alors voudrais-tu surveiller mes caramels ?

•

Blague de gars.

– Cette année, mes parents nous envoient, mon frère et moi, dans un camp d'été.

– Ah bon ! Vous avez besoin de vacances ?

– Non, pas nous. Mais nos parents, oui !

•

Blague de fille.

La prof : Comment ça, la Lune est habitée ?

Valérie : Mais oui, ma mère dit toujours à mon père qu'il est dans la lune.

•

Blague de gars.

Aujourd'hui, c'est le grand jour de la dictée pour les élèves de première année. L'enseignante ne leur dicte qu'une seule phrase : J'ai cassé un œuf.

Paul, le gars le plus paresseux de la classe, écrit : GKC19..

●

Blague de fille.

Justine téléphone à son ami Pascal.

– Comment vas-tu, mon cher Pascal ?

– Oh ! Ça ne va pas tellement bien. Je suis tellement découragé que je pense à me jeter par la fenêtre.

– Mais voyons, Pascal ! Ne fais jamais ça, tu pourrais te tuer !

– Mais non, pas de danger, j'habite au rez-de-chaussée.

●

Blague de gars.

Un frère et une sœur se disputent.

La sœur : Tu crois vraiment que je n'ai pas de tête ?

Le gars : Non, non, je sais que tu as une tête. C'est juste dommage qu'elle ait été installée à l'envers !

•

Blague de fille.

Madame Poitras a envoyé sa fille faire des commissions. À son retour, elle lui demande :

– Sophie, as-tu vu si le boucher avait des pattes de cochon ?

– Non, je n'ai pas vu, il avait ses souliers.

•

Blague de gars.

Simon : J'éprouve des difficultés avec l'eczéma.

Le prof : Pauvre toi ! Et à quel endroit fais-tu de l'eczéma ?

Simon : Je n'en fais pas, monsieur, j'ai de la difficulté à écrire ce mot correctement.

•

Blague de fille.

La coiffeuse vient de terminer une coupe de cheveux. Elle donne un miroir à sa cliente et lui demande :

– Est-ce que vous êtes satisfaite ?

– Pas tout à fait, lui répond la cliente, je les prendrais un peu plus longs.

•

Blague de gars.

Quel est le féminin de gars ?

Galette !

•

Blague de fille.

Béatrice vient de foncer dans un arbre en bicyclette. Son ami Benoit, qui passait par là, l'a vue faire et accourt pour l'aider.

– Pauvre Béatrice, mais où t'en allais-tu comme ça ?

– Chez l'optométriste...

•

Blague de gars.

A l'école, un gamin ne comprend pas les mathématiques. La maîtresse essaie de lui faire comprendre grâce à des exemples :

— Regarde. Si tu plonges ta main dans la poche droite de ton pantalon et que tu trouves un dollar, puis tu plonges ta main gauche dans la poche de gauche et que tu trouves un autre dollar, qu'est-ce que tu auras ?

— Le pantalon de quelqu'un d'autre, Madame !

●

Blague de fille.

— Tiens, Marie-Josée, j'ai trouvé un bonbon pour toi, tu le veux ?

— Oh merci ! Tu es gentille, Claudiane !

— Alors, tu le trouves bon ?

— Mais oui, il est délicieux !

— Eh bien, je ne comprends pas pourquoi Alexis l'avait craché !

●

Blague de gars.

Guillaume entre en pleurant.

– Que se passe-t-il ? lui demande sa mère.

– C'est Sophie qui m'a fait mal à la main.

– Ah, la coquine. Qu'a-t-elle fait ?

– Elle s'est penchée juste comme j'allais lui donner un coup de poing à la figure, alors j'ai frappé le mur de l'école.

•

Blague de fille.

Martine est au parc avec son amie Diane. Elles voient passer une nouvelle élève qui vient d'arriver à l'école.

Martine : Regarde, c'est la nouvelle. Elle est dans ma classe.

Diane : Ah ! oui ? Mais pourquoi tu dis nouvelle ? C'est un garçon.

Martine : Pas du tout, voyons ! Regarde comme il faut !

Diane : C'est toi qui te trompes ! Lui as-tu demandé son nom au moins ?

Martine : Non.

Diane : Alors pourquoi es-tu si sûre que c'est une fille ?

Martine : Bien, vois-tu, l'autre jour elle est venue me voir et m'a demandé : « Quelle heure est-elle ? »

●

Blague de gars.

Un fils discute avec son père.

– Dis papa, est-ce que tu grandis encore ?

– Non, pourquoi ?

– Parce que ta tête commence à dépasser de tes cheveux.

●

Blague de fille.

La mère : Christine, c'est toi qui as vidé le pot de biscuits ?

Christine : Non, maman.

La mère : Tu me contes des menteries, ton frère t'a vue !

Christine : Impossible, il dormait !

●

Blague de gars.

Jean va voir le médecin pour avoir le résultat de sa radiographie. Le médecin ne sait pas comment annoncer à son patient qu'il faut lui couper les jambes. Il lui prend la main et lui dit : «Yvon Tessier».

•

Blague de fille.

Janie la bavarde ne se sent pas bien et va voir son médecin.

– Ce n'est rien, Janie, tu as juste besoin de repos.

– Mais docteur, et ma langue, vous l'avez regardée ?

– Oui, elle aussi a besoin de repos.

•

Blague de gars.

Chez le boucher :

– Monsieur, demande Patrick, avez-vous des pattes de cochon ?

– Oui.

– Pauvre vous, ça doit marcher mal.

•

Blague de fille.

Le frère : Viens, je vais te jouer un peu de piano.

La sœur : Ah non ! Pas tout de suite !

Le frère : Allez, viens ! Quel est le morceau que tu préfères ?

La sœur : Le morceau de chocolat !

•

Blague de gars.

Une nuit à couper au couteau, un jeune soldat monte la garde devant la caserne. Soudain, il entend un bruit bizarre.

– Halte, ou je tire.

– C'est moi, Martin, ton ami.

– Un pas de plus et je tire.

– Ne tire surtout pas, j'apporte les cartouches !

•

Blague de fille.

Sylvie : Bonjour, Céline ! Comment va ta mère ?

Céline : Elle est à l'hôpital depuis

un mois.

Sylvie : Pauvre elle ! Qu'est-ce qu'elle a ?

Céline : Elle a un nouvel emploi, elle est médecin !

●

Blague de gars.

Après un combat de boxe amateur, un gérant va voir le vainqueur qui a les deux yeux au beurre noir, les oreilles arrachées et le nez en compote.

– Est-ce que ça vous intéresserait de devenir professionnel ?

– Oh non ! assure le champion en épongeant le sang qui dégouline de partout ; je préfère continuer à boxer pour le plaisir.

●

Blague de fille.

Madame Drouin arrive à l'urgence de l'hôpital.

– C'est pour une radiographie.

– Mais, vous avez l'air en parfaite

santé!

– Ce n'est pas pour moi, c'est pour ma boîte de conserve. L'étiquette s'est décollée et je n'arrive pas à me rappeler si c'était des petits pois ou des haricots verts.

•

Blague de gars.

Une maman demande à son fils:

– Est-ce que tu as pensé au moins à faire ta bonne action aujourd'hui?

– Bien sûr! Je suis allé deux heures chez Mamie et quand je suis parti, elle était drôlement contente!

•

Blague de fille.

La mère: Diane, arrête d'écrire sur les murs, c'est sale!

Diane: Mais maman, j'écris juste des noms propres!

•

Blague de gars.

Un gardien de prison s'étonne auprès d'un détenu :

— J'ai remarqué que tu n'avais jamais de visites. Tu n'as donc pas de famille et pas d'amis ?

— Si, bien sûr ! Mais ils sont tous ici !

•

Blague de fille.

— Maman, comment je suis née ? demande Aurélie.

— Euh... c'est la cigogne qui t'a apportée, répond la maman.

— Et toi, maman, comment tu es née ?

— Euh... moi aussi une cigogne m'a apportée.

— Et grand-maman ?

— C'est aussi une cigogne qui l'a apportée.

Aurélie s'en va à sa table de travail et commence son devoir : « Dans ma famille, il n'y a pas eu de naissances normales depuis trois générations... »

•

Blague de gars.

Un peintre est en train de peindre un banc public dans un parc. Soudain, un clochard arrive et lui demande :

– Pardon, monsieur, pensez-vous que le banc sera sec vers sept heures ce soir ?

– Sans doute, de répondre le peintre. Mais pourquoi me posez-vous une telle question ?

– C'est parce que je suis fatigué et je voudrais me coucher tôt ce soir !

•

Blague de fille.

Monsieur et madame Dupont arrivent en vacances au bord de la mer.

– Oh ! Catastrophe ! Je viens de me rappeler que j'ai oublié de fermer un rond du poêle !

– Bof ! Pas de danger d'incendie. Je viens de me rappeler que j'ai oublié de fermer le robinet du lavabo...

•

Blague de gars.

Un condamné à mort, se dirigeant vers le lieu d'exécution, se retourne soudain vers le gardien et lui dit :

— La journée commence vraiment mal !

•

Blague de fille.

Le grand-père : Ma chère petite Claudiane, tu as la bouche de ton père.

La grand-mère : Et tu as les yeux de ta mère.

Claudiane : Et puis j'ai aussi le chandail de ma sœur !

•

Blague de gars.

Un criminel est condamné à perpétuité. Au juge qui lui demande s'il a quelque requête à formuler, le détenu répond :

— Votre Honneur, pourriez-vous avertir ma femme que je ne rentrerai pas à la maison ce soir ?

•

Blague de fille.

La gardienne : Monsieur Jolicœur, je dois vous dire que la prochaine fois, je vais augmenter mes tarifs.

Monsieur Jolicœur : Qu'est-ce qu'il y a ? Les enfants sont trop tannants ?

La gardienne : Non, non, mais les émissions de télévision sont trop plates.

●

Blague de gars.

Un pâtissier, dont le chiffre d'affaires s'abaissait dangereusement, pose l'enseigne suivante à la porte de son commerce : Ici, le meilleur pâtissier de Montréal.

Le lendemain, un concurrent situé sur la même rue décide de poser lui aussi une enseigne qui dit : Ici, le meilleur pâtissier du monde.

La semaine suivante, après avoir longuement réfléchit, un concurrent affiche sur la porte de son commerce : Ici, le meilleur pâtissier de la rue !

●

Blague de fille.

Le père : Qu'est-ce que tu portes là ?

Claudiane : Un sac à dos. Tous les élèves studieux transportent leurs gros livres là-dedans à l'école. C'est la dernière mode !

Le père : C'est bizarre, il n'y a aucun livre dans le tien !

Claudiane : Écoute papa, j'ai pas dit que j'étais studieuse, j'ai dit que j'étais à la mode !

•

Blague de gars.

Quand tu fais de la chute libre, tant que tu vois les vaches comme des fourmis, il n'y a pas de danger. Quand tu commences à voir les vaches comme des vaches, il est temps d'ouvrir ton parachute... Et quand tu vois les fourmis comme des vaches... Il est trop tard !

# Autres thèmes
# dans la collection

**BLAGUES À L'ÉCOLE** (3 livres)
**BLAGUES EN FAMILLE** (4 livres)
**BLAGUES AU RESTO** (1 livre)
**BLAGUES AVEC LES AMIS** (6 livres)
**INTERROGATIVES** (4 livres)
**DEVINETTES** (1 livre)
**BLAGUES À PERSONNALISER** (3 livres)
**BLAGUES COURTES** (2 livres)
**BLAGUES CLASSIQUES** (1 livre)
**BLAGUES DE NOUILLES** (2 livres)
**BLAGUES DE GARS ET DE FILLES** (2 livres)

# CONCOURS

## Presque aussi drôle qu'un Ouistiti!

On te dit que tu es un bouffon,
un(e) petit(e) comique,
un drôle de moineau?
Peut-être as-tu des blagues
à raconter? Envoie-les-nous!
Tu auras peut-être
la chance de les voir publiées!

Fais parvenir ton message
à l'adresse qui suit:
Droledemoineau@editionsheritage.com

À très bientôt...